シンプルにも、
カラフルにも！

ペンと色鉛筆で作る

プラバンの
アクセサリーBOOK

スコレー
schole

はじめに

今この本を手に取ってくれているあなたくらいの頃、
私たちもプラバンに出会いました。
プラバンに大好きなものを写しては
"絵"がトースターの中で小さく"物"になる様子を
ワクワクしながらながめていました。
大人になるといろいろなことができるようになったし
楽しいこともたくさん経験したけれど、
今でもプラバンが小さくなるのを見ると
ワクワクする気持ちは変わりません。

この本には私たちが夢中になった物やあこがれていた物、
誰かを喜ばせたいと思う気持ち……
そんな想いからできた物たちばかりです。
色を変えたり、イニシャルを入れてみたり、誰かと一緒に作ったり。
プラバンと一本のペンだけでもできることは無限にあります。
この本をきっかけにすばらしい一時を過ごしていただけたらと
心から願っています。

schole

contents
もくじ

Part 1
きほんのプラバン

Part 2
楽しいテーマを描いてみよう

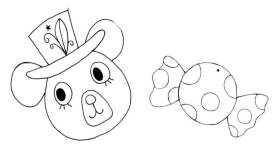

Part 3

アクセサリーに アレンジ

図案(ずあん)

きほんの
プラバン

Part
1

プラバンって、どうやって作るのかな？
ここでは、きほんのプラバンの作り方がわかるよ。
みんなもチャレンジしてみよう！

7

プラバン作りに必要な道具と材料

プラバンの材料と道具

図案

プラバン

アルミホイル
焼くときに下に敷きます。

プラバンは、すりガラス風、黒色、印刷できるものなど、いろいろあります。

はさみ
紙を切ったり、プラバンを切るときに使います。

穴あけパンチ
プラバンに穴をあけます。

マスキングテープ
図案を写すときにマスキングテープで固定します。

油性ペン
プラバンに描くときに使います。本書ではマッキー極細0.5mmを使用。

色鉛筆
本書では色鉛筆で裏側に色づけします。

紙ヤスリ
プラバンをこすって、色鉛筆でぬりやすくします。

ティッシュ
紙ヤスリをかけたときのカスや、色鉛筆のカスをぬぐいます。

オーブントースター
プラバンを加熱して縮ませるときに使用します。オーブントースターによってはワット数が違うので、ワット数によって焼く時間を調節します。

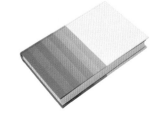

重し用の本
加熱して縮みきったプラバンを、すばやく本の間にはさみプレスして平らにします。

アクセサリー作りの道具と材料

糸切りバサミ

接着剤

両面テープ

裁ちバサミ
布を切るときに使います。

丸ペンチと平ペンチ
丸カンをあけるときに使います。

接着剤用ヘラ

下敷き用のフェルト
作業をするときに使います。

当て布
ビーズをぬいつけた裏に貼ります。

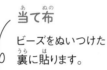

ブローチ用フェルト

のびるテグス
ビーズなどを通してブレスレットなどに使います。

テグス
ビーズやパールを通します。

ブローチピン

土台布
プラバンを貼り、周りにビーズなどをぬいつけます。

刺しゅう枠

ぬい糸

針と糸
ビーズをぬいつけるときに、2本取りにして使います。

ひも・コード

ビーズやパール・チェーン・丸カン

アクセサリー金具

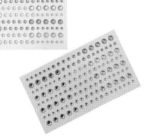

デコシール

きほんのプラバンの作り方

一番きほんのプラバンの作り方です。作りたい図案が見つかったら、写して作ってみましょう。

プラバンに写す

1
図案の大きさより、ひとまわり大きくプラバンを切る。

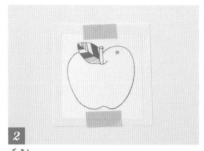

2
図案にプラバンをのせ、マスキングテープで固定させる。

3
図案の線をペンでなぞる。

プラバンを切る

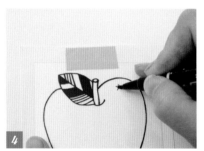

4
穴あけ位置に印をつける。

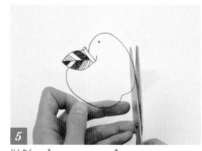

5
輪郭に沿ってはさみで切る。

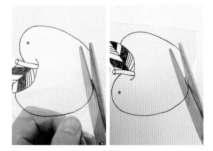

Point! 細かな部分のカットは、プラバンが割れやすいので、裏返して両側から切るようにする。

穴をあける

6
描き写した線をなぞって太くする。

Point! 手の汗がつくと、焼く途中でゆがみやすいので、なるべくふれないように。

7
穴あけ位置に、パンチを使って穴をあける。

プラバンを焼く

プラバンがぐにゃりとしても、縮みきるまでがまん！

8 アルミホイルをもんでしわしわにしておく。こうすると、プラバンがくっつきにくい。

9 アルミホイルにのせ、加熱しておいた500Wのオーブントースターに入れて30秒焼く。

10 縮みきったプラバンをすばやく本の中にはさむ。

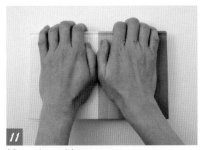

11 上から押して重しをかける。

ボールチェーンをつける

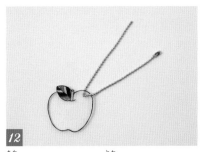

12 穴にボールチェーンを通す。

13 チェーンをつないで完成！

プラバンは縮むよ

図案と、焼き上がったプラバンの大きさを比較すると、こんなに縮んで小さくなります。※プラバンによって縮み方に違いがあります。

失敗例

しっかり縮みきらないうちにとり出したりすると、ゆがみやすい。

失敗しないための注意点

★プラ板の絵を描く部分には、なるべく触らない。切っていらなくなる部分をなるべく触る。（焼いたときに手の汗がついてると、アルミホイルにプラ板がくっつくときがあります）
★トースターをあらかじめ温めておく。
★プラ板をトースターから取り出したらすぐに、重しの本で押す（とにかく、素早く）。

カラーペンと色鉛筆を使って

好きな色のペンで描くと楽しいよ！　裏側を紙ヤスリでこすってすりガラス状にすると、色鉛筆でぬることができるよ。

プラバンに写す

1 図案の大きさよりひとまわり大きくプラバンを切る。

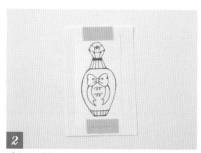

2 図案の上にプラバンをのせ、マスキングテープで固定する。

3 ペンで図案をなぞる。

裏を紙ヤスリでする

4 穴あけ位置に印をつける。

5 裏側を、円を描くように紙ヤスリをかける。

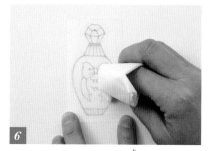

6 こすったカスをティッシュで取る。

裏を色鉛筆でぬる

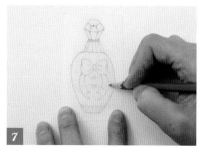

7 上から真ん中くらいまで色鉛筆でぬる。

8 違う色の色鉛筆で、下から真ん中くらいまでぬる。

9 色鉛筆のカスをティッシュで取る。

プラバンを切る

10
輪郭に沿ってカットする。

11
線をなぞって太くする。

穴をあける

12
穴あけ位置をパンチで穴をあける。

プラバンを焼く

13
プラバンをしわをよせたアルミホイルにのせ、あらかじめ加熱しておいた500Wのオーブントースターで30秒焼く。

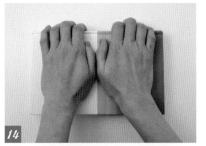

14
縮みきったら素早く取り出し、本にはさんで押す。

マルカンを開く

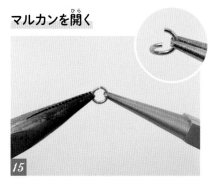

15
丸カンを平ペンチと丸ペンチではさみ、縦方向にひねるように開く。

アクセサリー金具をつける

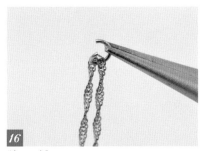

16
開いた丸カンにチェーンをかける。

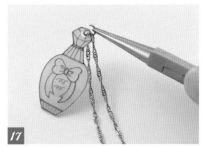

17
さらにプラバンパーツも通す。平ペンチと丸ペンチで丸カンを閉じる。

18
完成

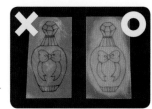

Point! **紙ヤスリのかけ方**
裏側に紙ヤスリをかけるときは、ムラなく、まんべんなくこする。

黒ペン
だけで描く

黒ペン一本でできることもいっぱい。
白黒のモノトーンなら、シックでちょっと大人っぽい。
ドットやストライプの模様を描いても楽しいね。
ぬったところと透明なところのバランスがポイントだよ!

プラバンの作り方は、
p.10-11を見てね！

材料

● プラバン（図案に合わせた大きさ）
● ボールチェーン　各1本

図案

※実物大です。そのままコピーしてお使いください。
★マークは穴をあける位置。点線は切り込まずに残す線。

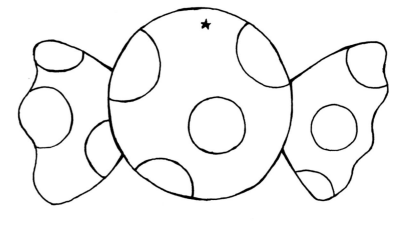

森（もり）の仲間（なかま）やフルーツモチーフのキーホルダー。
色（いろ）ペン1本（ぽん）でも、ぬりつぶしたり、
点々（てんてん）を使（つか）って、いろんな表情（ひょうじょう）が楽（たの）しめるよ。
好（す）きな色（いろ）1本（ぽん）から始（はじ）めてみよう！

プラバンの作り方は、
p.10-11を見てね！

材料

● プラバン（図案に合わせた大きさ）
● ボールチェーン　各1本

※実物大です。そのままコピーしてお使いください。
★マークは穴をあける位置。点線は切り込まずに残す線。

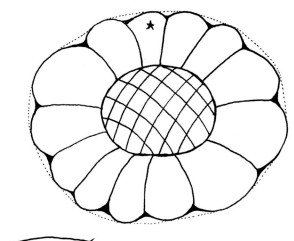

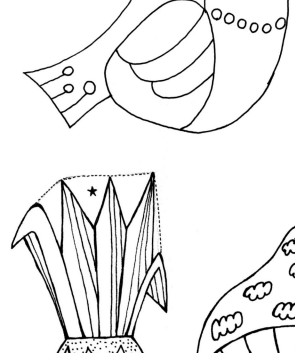

2色のペン
を使って

透きとおるような美しい海の仲間たち。
透明のプラバンと相性ぴったりのモチーフで、
夏をさわやかにしてくれるネックレス。
ブルー系のペンで作るのもおすすめ。

プラバンの作り方は、
p.10-11を見てね!

材料

●プラバン(図案に合わせた大きさ)
●ネックレスチェーン　1本
●丸カン　5個

図案

※実物大です。そのままコピーしてお使いください。
★マークは穴をあける位置。点線は切り込まずに残す線。

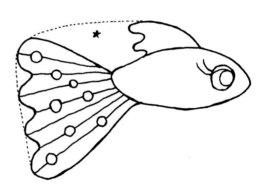
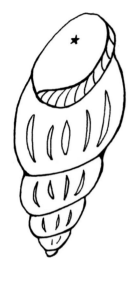
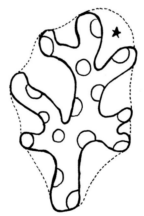

女の子のかわいい秘密アイテム。
ちょっと大人な気分になれる香水やルージュは、
お守りのようにネックレスに。
ミントやマスカットみたいな香りがしそうでしょ？

リップスティックのネックレス

図案 p.62

材料

- プラバン（図案に合わせた大きさ）
- ネックレスチェーン　各1本
- 丸カン　各1個

1 図案の大きさより、ひとまわり大きくプラバンを切る。

2 図案にプラバンをのせ、マスキングテープで固定させる。

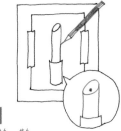

3 図案の線をペンでなぞる。

4 裏を紙ヤスリでこする。

5 裏を色鉛筆でぬる。

6 色鉛筆のカスをティッシュで取る。

7 輪郭に沿ってカットする。

8 線をなぞって太くする。

9 穴あけパンチで穴をあける。

10 アルミホイルにのせ、あらかじめ加熱しておいた500Wのオーブントースターで30秒焼く。

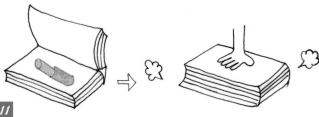

11 縮みきったら素早く取り出し、本にはさんで押す。

12 丸カンを開き、プラバンパーツを通す。

13 ネックレスチェーンに丸カンを通して閉じる。

14 完成

ピンクペンと金色の色鉛筆で

美味しくてかわいいスイーツは、いつだって
私たちをしあわせな気持ちにしてくれる!
甘い香りがしそうなヘアピンを身につけたら、
毎日ごきげんで過ごせそう。

スイーツのヘアピン

図案 p.63

材料
- プラバン（図案に合わせた大きさ）
- ヘアピン　各1個

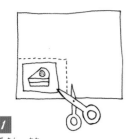

1 図案の大きさより、ひとまわり大きくプラバンを切る。

2 図案にプラバンをのせ、マスキングテープで固定させる。

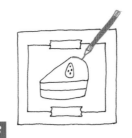

3 図案の線をペンでなぞる。

4 裏を紙ヤスリでこする。

5 裏を色鉛筆でぬる。

6 色鉛筆のカスをティッシュで取る。

7 輪郭に沿ってカットする。

8 線をなぞって太くする。

9 アルミホイルにのせ、あらかじめ加熱しておいた500Wのオーブントースターで30秒焼く。

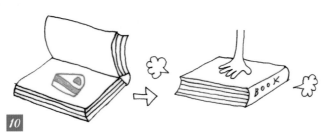

10 縮みきったら素早く取り出し、本にはさんで押す。

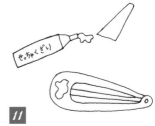

11 ヘアピンに接着剤をぬる。

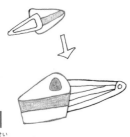

12 完成したプラバンパーツをヘアピンに貼る。

13 乾いたら完成！

23

紫色のペンと色鉛筆で

ユニコーンや魔法の本。ファンタジックな
アイテムは、空想の世界に連れて行って
くれそう。好きなところに穴をあければ、
キーホルダーにもおすすめだよ。

24

ファンタジックなヘアゴム

 p.64

材料
- プラバン（図案に合わせた大きさ）
- ヘアゴム　各1個

1
図案の大きさより、ひとまわり大きくプラバンを切る。

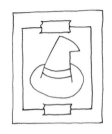

2
図案にプラバンをのせ、マスキングテープで固定させる。

3
図案の線をペンでなぞる。

4
裏を紙ヤスリでこする。

5
裏を色鉛筆でぬる。

6
色鉛筆のカスをティッシュで取る。

7
輪郭に沿ってカットする。

8
線をなぞって太くする。

9
アルミホイルにのせ、あらかじめ加熱しておいた500Wのオーブントースターで30秒焼く。

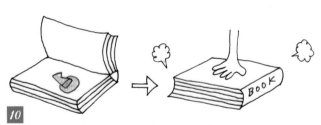

10
縮みきったら素早く取り出し、本にはさんで押す。

11
ヘアゴムに接着剤をぬる。

12
完成したプラバンパーツをヘアゴムに貼る。

13
乾いたら完成！

完成

25

イメージに合わせて色を選ぶ

晴れの日も雨の日も
こんなブローチを着ければきっと楽しい!
いくつか一緒に重ねづけして、
自分だけの空を作ってみてね。

パラソルのブローチ

図案 p.65

材料
- プラバン（図案に合わせた大きさ）
- ブローチピン　各1個

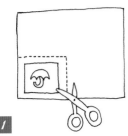

1
図案の大きさより、ひとまわり大きくプラバンを切る。

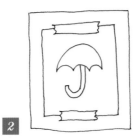

2
図案にプラバンをのせ、マスキングテープで固定させる。

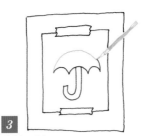

3
図案の線をペンでなぞる。

4
裏を紙ヤスリでこする。

5
裏を色鉛筆でぬる。

6
色鉛筆のカスをティッシュで取る。

7
輪郭に沿ってカットする。

8
線をなぞって太くする。

9
アルミホイルにのせ、あらかじめ加熱しておいた500Wのオーブントースターで30秒焼く。

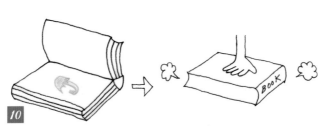

10
縮みきったら素早く取り出し、本にはさんで押す。

11
ブローチピンに接着剤をぬる。

12
完成したプラバンパーツにブローチピンを貼る。

13
完成

色のバリエーションを楽しもう

カラーペンを
使おう!

いろんな色のペンで
ハートを描いてみたよ!

色鉛筆をかさねぬりしてみよう!

もとの色に、ほかの色をかさねてぬると、こんな色になるよ!

もとの色 \ かさねる色		きいろ	みどり	あお	むらさき	ピンク
きいろ	♥		♥	♥	♥	♥
みどり	♥	♥		♥	♥	♥
あお	♥	♥	♥		♥	♥
むらさき	♥	♥	♥	♥		♥
ピンク	♥	♥	♥	♥	♥	

描き方のいろいろ

だんだんうすくなるグラデーション、
ななめ線やたて線、こうし、
点々などいろいろ試してみよう!

点々の色を変えると、
違った印象になるよ。

クレパス

クーピー

パステル

絵の具

ペンと色鉛筆以外に、クレパスやクーピー、
パステル、絵の具などでも描けるよ。

Part 2

楽しいテーマを描いてみよう

みんなの好きなものを描いてみよう！
絵本に出てきた動物や、プリンセス。

ハロウィンや、クリスマスのモチーフも楽しいね！

絵本のお話

物語から飛び出したおなじみの仲間たち。
どんなお話に出てくるかわかるかな？
お菓子の家はチョコやキャンディー、イチゴ味…？
好きな味を想像しながら作っちゃおう！

プラバンの作り方は、
p.10-11を見てね！

材料

● プラバン（図案に合わせた大きさ）
● ストラップ　各1本

図案

※実物大です。そのままコピーしてお使いください。
★マークは穴をあける位置。点線は切り込まずに残す線。

惑星に天の川。宇宙にはどんな世界が
広がっているんだろう？　2色のペンでも、
色のバランスを変えるだけで、いろんな表情が
出てくるよ。好きな色で夜空を輝かせよう。

プラバンの作り方は、
p.10-11を見てね！

材料

・プラバン（図案に合わせた大きさ）
・ボールチェーン　各1本

図案

※実物大です。そのままコピーしてお使いください。
★マークは穴をあける位置。点線は切り込まずに残す線。

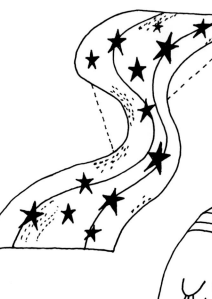

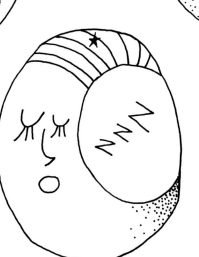

宝石の指輪

ローズクオーツやアメジストやエメラルド。
世界にはいろいろな美しい宝石があるけれど、
あなたがつくる素敵な指輪は
世界にひとつの宝物よ。

材料

図案 p.66

● プラバン（図案に合わせた大きさ）
● リング台　各1個

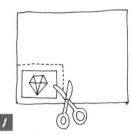

1 図案の大きさより、ひとまわり大きくプラバンを切る。

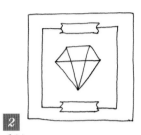

2 図案にプラバンをのせ、マスキングテープで固定させる。

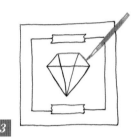

3 図案の線をペンでなぞる。

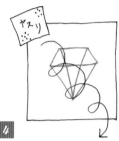

4 裏を紙ヤスリでこする。

5 裏を色鉛筆でぬる。

6 色鉛筆のカスをティッシュで取る。

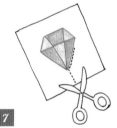

7 輪郭に沿ってカットする。

8 線をなぞって太くする。

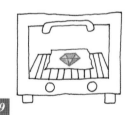

9 アルミホイルにのせ、あらかじめ加熱しておいた500Wのオーブントースターで30秒焼く。

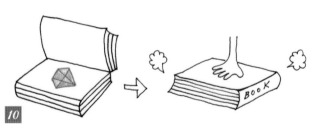

10 縮みきったら素早く取り出し、本にはさんで押す。

11 リング台に接着剤をぬってプラバンパーツを貼る。

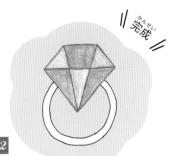

12 乾いたら完成！

ドレスや
ガラスのくつ

お気に入りのドレスに着替えて、
馬車に乗ってお城での舞踏会へ。
ラインストーンもプラスすれば、
きらめくあなただけの特別なしおりに…。

材料

 p.67 ～ 69

● プラバン（図案に合わせた大きさ）
● ラインストーンシール　好みの数

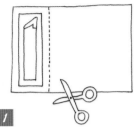

1 図案の大きさより、ひとまわり大きくプラバンを切る。

2 図案にプラバンをのせ、マスキングテープで固定させる。

3 図案の線をペンでなぞる。

4 裏の絵の部分だけを、紙ヤスリでこする。

5 裏のヤスリをかけた部分を、色鉛筆でぬる。

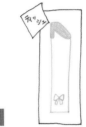

6 色鉛筆のカスをティッシュで取る。

7 輪郭に沿ってカットする。

8 線をなぞって太くする。

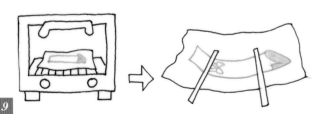

9 アルミホイルにのせ、熱しておいたオーブントースターで30秒焼く。プラバンがくっついてしまったら、割りばしで広げる。

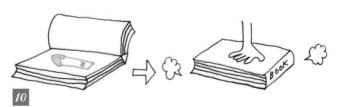

10 縮みきったら素早く取り出し、本にはさんで押す。

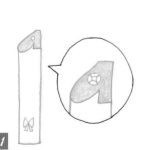

11 ラインストーンシールを貼る。

完成

12 絵の部分を出して本にはさもう。

ロケットや
ロボット

古代の生物から未来の乗り物まで！
兄弟やお友達にも喜ばれそう。
どんなモチーフが好きかな？
誰かを想って作るのはいつだってワクワクする！

プラバンの作り方は、
p.10-11を見てね!

材料

- ●プラバン（図案に合わせた大きさ）
- ●ボールチェーン　各1本

図案

※実物大です。そのままコピーしてお使いください。
★マークは穴をあける位置。点線は切り込まずに残す線。

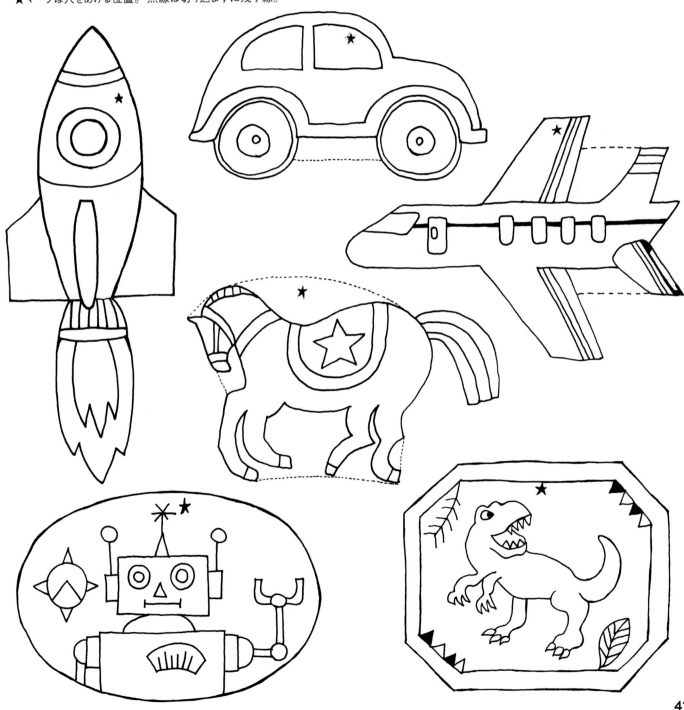

ハロウィン

トリックオアトリート！
今年は手作りアクセサリーで、
いつもと違うハロウィンを演出しちゃおう！

プラバンの作り方は、
p.12-13を見てね!

材料

● プラバン（図案に合わせた大きさ）
● ヘアピン　各1個

完成

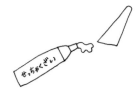

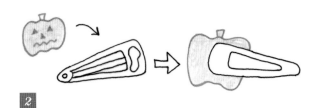

1　ヘアピンに接着剤をぬる。

2　完成したプラバンをヘアピンにつける。

3　乾いたら完成。

 図案

p.70にもあるよ!
※実物大です。そのままコピーしてお使いください。
★マークは穴をあける位置。点線は切り込まずに残す線。

クリスマス

クリスマスのオーナメントを手作りしよう！
かわいいプラバンでツリーいっぱいになったら素敵じゃない？
プレゼントのラッピングにつけても喜ばれそう。

プラバンの作り方は、
p.12-13を見てね!

材料

● プラバン（図案に合わせた大きさ）
● モール　各1本

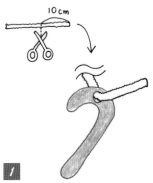

1 モールを10cmくらいに切って、完成したプラバンを通す。

2 モールの両端をねじってリング状にする。

完成

Point! たくさん作ってクリスマスツリーに飾ろう!

 図案

p.70にもあるよ!
※実物大です。そのままコピーしてお使いください。
★マークは穴をあける位置。点線は切り込まずに残す線。

Happy
Wedding anniversary

mama

PaPa

Happy
Mother's Day

Happy
Father's Day

LOVE

母の日、父の日には手作りのカードを
作ってプレゼント！かみ型、メガネ、帽子、
アクセサリーを変えることができるよ。
ママやパパに似てるかな…？

図案 p.71

● プラバン（図案に合わせた大きさ）
● カード用の色紙　10×15cm　各1枚

かみ型を変える

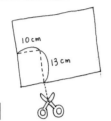

1
プラバンを10×13cmくらいに切る。

2
かみ型を先に描く。

3
次に顔、体を描く。

メガネ、アクセサリーをつける

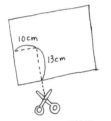

1
プラバンを10×13cmくらいに切る。

2
先に顔、かみ型などを描く。

3
一番最後にメガネ、アクセサリーを描く。

ネクタイをつける

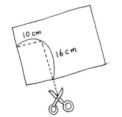

1
プラバンを10×16cmくらいに切る。

2
首の途中まで描く。

3
ネクタイを描いてから、体を描く。

プラバンができたら

1
10×15cmの色紙を半分に折って、言葉を書き込む。

2
接着剤をプラバンの裏にぬり、色紙に貼る。

3
接着剤が乾いたら完成。

おじいちゃん・おばあちゃんに

図案 p.72

敬老の日には、こんなプレゼントも！

47

Part
3

アクセサリーに アレンジ

でき上がったプラバンをアクセサリーにするよ！
ブローチや、ペンダントや、ブレスレット。
いろんなアレンジができるね！

Thank you

時計のブレスレット

ビーズとモチーフをつなげた時計のブレスレット。
自分だけの特別な時間をきざんで、
永遠に腕の中に。たくさんの素晴らしい
時間が存在しますように。

材料

図案 p.72・p.73　●プラバン（図案に合わせた大きさ）●ビーズ　カラー 5mm　各 8 個／透明またはカラー 5mm　各 8 個
●パール　5mm　各 7 個／星スパンコール　各 6 個／丸小ビーズ　各 6 個　●のびるテグス　各 50cm

図案を写す

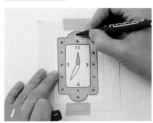

1 図案にプラバンをのせマスキングテープでとめて図案を写す。穴の位置も印をつける。

2 裏返して紙ヤスリをかける。こすったカスはティッシュで取る。

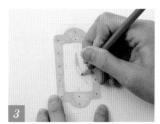

3 薄い色は裏側から色鉛筆でぬる。色鉛筆のカスもティッシュで取る。

穴をあけてから焼く

4 切りとって穴をあけ、オーブントースターで焼く。

Point! 焼く前に線をなぞって太くしておく。

パールやビーズを通す

5 テグスの端から10cmにテープを貼り、パールを通し、テグスを穴に戻す。

6 パール、星形スパンコール、ビーズの順に通す。

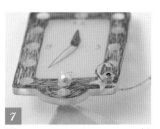

7 再びテグスをスパンコールに通し、穴に通して固定する。

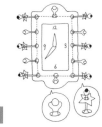

8 6、7をくり返し、ぐるりとパール、スパンコール、ビーズを通す。

ブレスレットを作る

9 はじめに10cm残しておいたテグスと2〜3回かた結びする。

10 のびるテグスを上の穴に通す。

11 青いビーズ、透明のビーズ、パールの順に通す。

12 11をくり返し通す。腕の太さまで通す。

テグスの始末

13 下の穴にテグスを通す。

14 かた結びする。

15 テグスをビーズ4個ほど戻して始末してテグスを切る。

完成

16

お気に入り ペンダント

ビーズをつなげてペンダントを作っちゃおう！
お友達とおそろいにしたり、
色違いで作ったり。
いろんなバリエーションを試してね。

プラバンの作り方は、
p.12-13を見てね!

図案 p.73

材料
● プラバン（図案に合わせた大きさ）
● ビーズ　9mm　各5個／ 7mm　各5個／ 5mm　各22個／
3mm　各66個　● 丸カン　各1個　● のびるテグス
各50cm

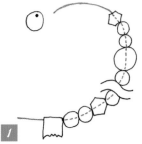

1
のびるテグスの10cmくらいの
ところにマスキングテープを貼り
パーツを通す。

Point! パール2個ではじま
り、パール2個で終わる。

2
すべてのパーツを通したらテグス
を結ぶ。

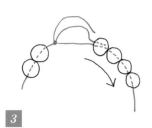

3
結び目をとなりのパーツにもどし
て通す。

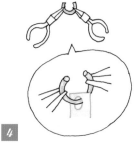

4
丸カンを開き、プラバンパーツを
入れる。

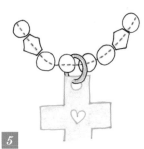

5
ネックレスのパール4個がつな
がっているところにプラバンモ
チーフをつけて完成。

‖ 完成 ‖

レッスンキーホルダー

みんなは習い事をしてるかな？
レッスンバックにつけたり、お友達に
プレゼントしたり。名前を入れてネーム
プレートにするのもおすすめ。

材料

図案 p.74

● プラバン　各　10×10cm
● ひも　黄色、ピンク、赤、ベージュ　各60cm

図案を写す

1

図案にプラバンをのせマスキングテープでとめて図案を写す。穴の位置も印をつける。

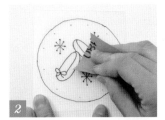

2

裏返して紙ヤスリをかける。こすったカスはティッシュで取る。

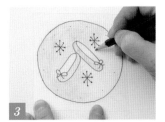

3

薄い色は裏側から色鉛筆でぬる。色鉛筆のカスもティッシュで取る。

穴をあける

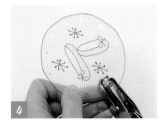

4

図案を描いたら、輪郭線に沿って切り、穴の位置にパンチで穴をあけておく。線をなぞって太くする。

プラバンを焼く

5

あらかじめ加熱しておいた500Wのオーブントースターで30秒焼く。

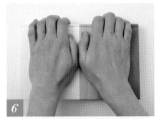

6

縮みきったらすばやく取り出して重し用の本にはさむ。

7

プラバンパーツの完成。

下げひもをつける

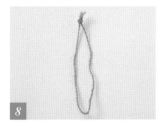

8

28cmのひもを二つに折り、端を結ぶ。

9

上の穴にひもの輪を手前から後ろへ通す。

10

輪に結び目をくぐらせる。

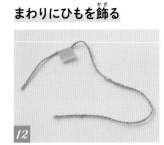

11

根元までしめる。

まわりにひもを飾る

12

別のひもの7cmの位置にマスキングテープを貼る。

13

ひもを裏から表へ通す。

14

ひもの先を裏から表へ通し、くり返す。

15

ひもの両端を結ぶ。

完成

16

リボン結びをして完成。

パールの
キラキラワッペン

ビーズを刺しゅうして作るキラキラワッペン。
一針一針ぬって想いの込もったワッペンだから、
ブローチにも、アルバムの表紙に貼って
贈り物にしても素敵。

材料

図案 p.75・76・77

● プラバン　各 8×8cm　● パール（好きな色）　各 5mm×30 個
● コード（好きな色）　各 20cm

プラバンパーツを作る

1 p.12-13 を参照し、プラバンパーツを作る。

パールをぬいつける

2 刺しゅう枠に布をセットし、パーツを両面テープで貼ってとめる。

3 プラバンから 2mm あけたところに針を出し、パールを通す。

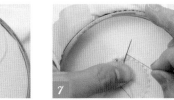

4 一周分のパールを通し、周囲に沿わせてみて長さを確かめる。

5 最初のパールに糸を通して引きしめる。

6 別糸でパールとパールの間の糸をとめていく。

7 ひとつひとつとめたら、裏側で2本の糸を玉留めする。

コードをぬいつける

8 コードをパーツに沿わせて下から細かくぬいとめる。

9 一周ぬったらコードの両端を重ねてとめる。コードの余分は切る。

10 裏側で糸を玉留めする。

パーツを貼りつける

11 刺しゅう枠からはずし、裏側に接着剤をぬる。

12 当て布を貼る。

13 表に返し、プラバンパーツの両面テープをはがし、接着剤をぬる。

14 コードのつなぎ目が下になるように貼る。

15 乾いてから布を切り落とす。

ブローチピンをつける

16 フェルトにブローチピンをぬいつける。

17 15 の裏に接着剤をぬる。

18 ブローチピンをつけたフェルトを貼る。

19 はみ出したフェルトをカットする。

20 完成

竹ビーズの キラキラワッペン

プレゼントしたいけど、何にしようかと迷ったら、
イニシャルがよいでしょう！
女の子も男の子も大人も子どもも犬も猫も！
みんな必ず持っているもの。

材料

図案 p.78・79・80

● プラバン　各 7.5×5.5cm　● 二分竹ビーズ（好きな色）　各 42 個
● コード（好きな色）　各 18cm

プラバンパーツを作る

1 p.12-13 を参照し、プラバンパーツを作る。

竹ビーズをぬいつける

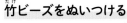

2 刺しゅう枠に布をセットし、裏両面テープを貼ったパーツを仮にとめる。

3 パーツの上に針を出し、竹ビーズを一つずつぬいつける。

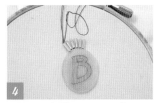

4 ビーズの根元がきちんと合うように放射状にぬいつけていく。

5 一周ぬいつけたところ。

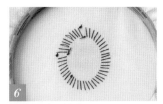

6 裏側で糸を玉留めする。

コードをぬいつける

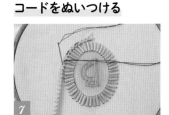

7 コードをパーツの下から合わせ、パーツに沿わせて細かくぬいとめる。

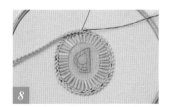

8 一周ぬいつけたらコードの両端を少し重ねてかがるようにとめる。糸は裏側で玉留めする。

パーツを貼りつける

9 余分なコードはカットする。

10 刺しゅう枠からはずし、裏側に接着剤をぬる。

11 当て布を貼る。

12 表に返し、プラバンパーツの両面テープをはがして接着剤をぬる。

ブローチピンをつける

13 プラバンを貼り、乾いてから布を切り落とす。

14 フェルトにブローチピンをぬいつける。

15 *13* の裏に接着剤をぬる。

16 ブローチピンをつけたフェルトを貼る。

17 はみ出したフェルトをカットする。

18 完成

プレゼントのラッピングに

バレンタインや誕生日のギフトに、プラバンを使えば、
名前や日付、メッセージも入れられるよ。
ひと手間加えれば、
心の込もったラッピングになること間違いなし!

プラバンの作り方は、
p.12-13を見てね！

 p.81・82・83

材料
- ラッピング用の袋・箱　各1個
- モール　1本／リボン　1本

袋タイプのラッピング

1 モールにプラバンを通して、モールをねじって固定する。

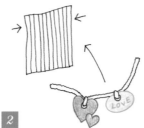

2 2個目のプラバンも同じにつけ、袋の口部分をくしゃっとさせてモールをつける。

3 モールの長さが余ったら、くるくる巻きつけて完成。

箱タイプのラッピング

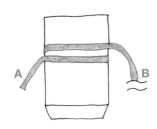

1 リボンを巻く。

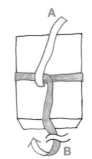

2 短いリボンAが上になるよう、中央で交差させる。

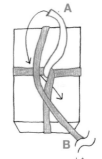

3 長いほうのリボンBを下から上に交差させる。

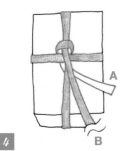

4 短いほうのリボンAを左上から右下へくぐらせる。

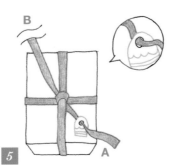

5 長いほうのリボンBを左上に、短いほうのリボンAを右下にひっぱり、プラバンの穴にリボンを通す。

完成

6 リボン結びをして完成。

図案

女の子の秘密アイテム

※実物大です。そのままコピーしてお使いください。
★マークは穴をあける位置。点線は切り込まずに残す線。

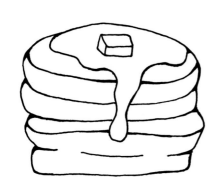

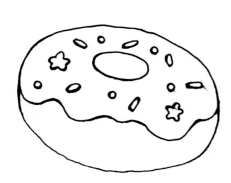

Nice

BISCUIT

tasty

ファンタジックなアイテム

※実物大です。そのままコピーしてお使いください。
★マークは穴をあける位置。点線は切り込まずに残す線。

素敵な指輪

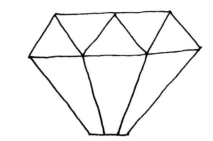

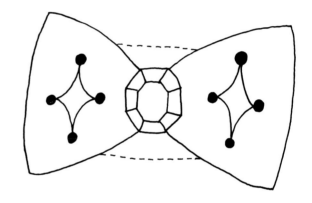

※実物大です。そのままコピーしてお使いください。
★マークは穴をあける位置。点線は切り込まずに残す線。

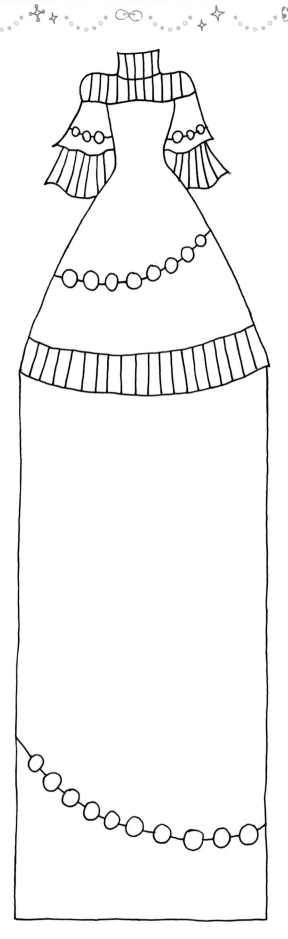
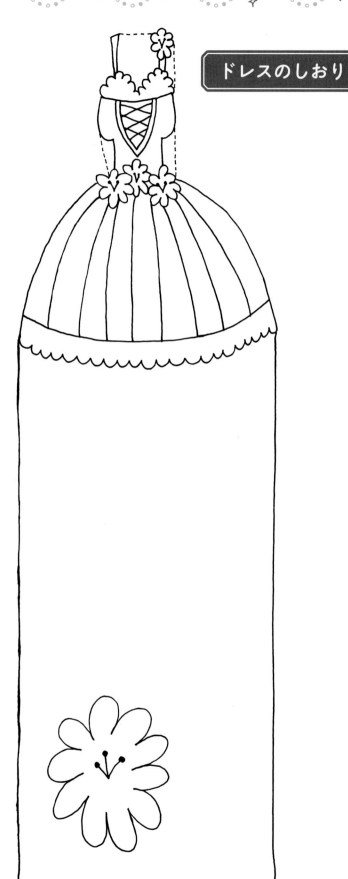

図案

ガラスのくつ

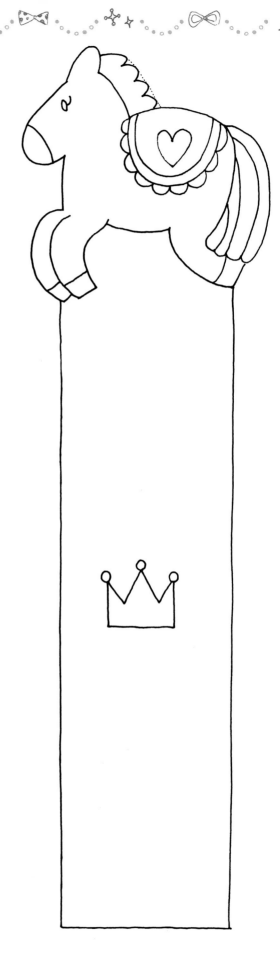

※実物大です。そのままコピーしてお使いください。
★マークは穴をあける位置。点線は切り込まずに残す線。

ハロウィン

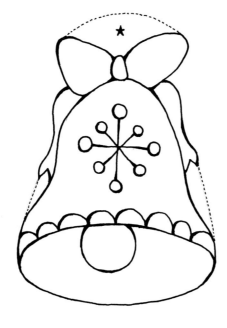

クリスマス

※実物大です。そのままコピーしてお使いください。
★マークは穴をあける位置。点線は切り込まずに残す線。

母の日・父の日

敬老の日

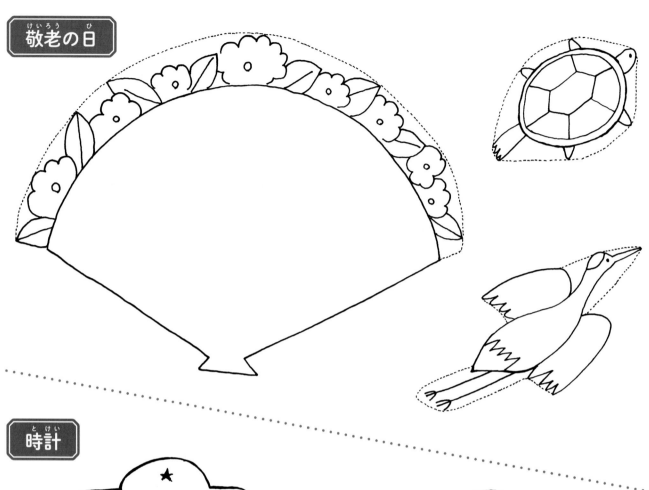

時計

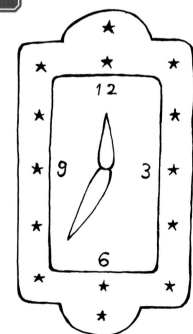

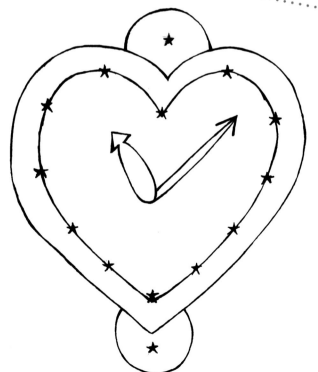

※実物大です。 そのままコピーしてお使いください。
★マークは穴をあける位置。点線は切り込まずに残す線。

ペンダントモチーフ

73

図案

レッスンキーホルダー

※実物大です。そのままコピーしてお使いください。
★マークは穴をあける位置。点線は切り込まずに残す線。

※それぞれ丸く囲んでください。

A B C
D E F
G H I

パールのキラキラワッペン　　※それぞれ丸く囲んでください。

竹ビーズのキラキラワッペン

※実物大です。そのままコピーしてお使いください。
★マークは穴をあける位置。点線は切り込まずに残す線。

竹ビーズのキラキラワッペン

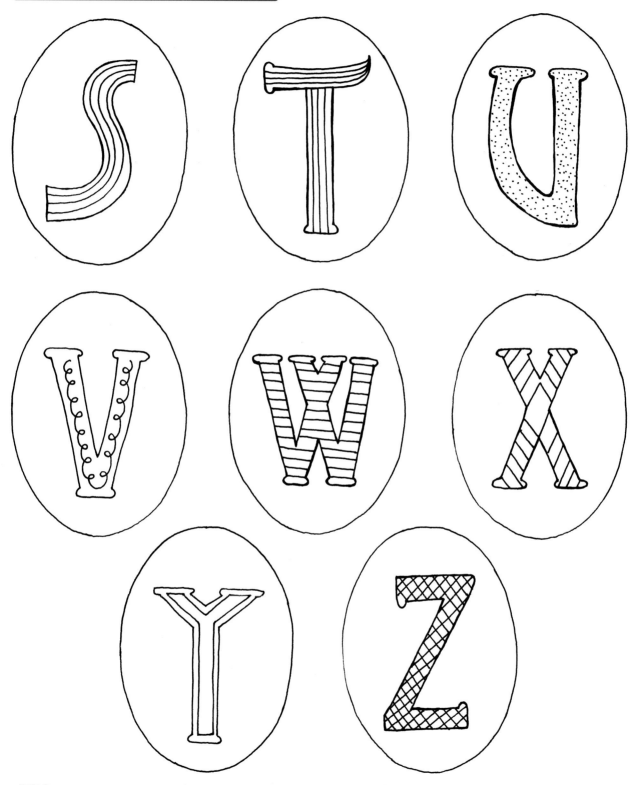

※実物大です。そのままコピーしてお使いください。
★マークは穴をあける位置。点線は切り込まずに残す線。

バレンタインギフト

Thank you

LOVE

Happy Valentine♡

※実物大です。そのままコピーしてお使いください。
★マークは穴をあける位置。点線は切り込まずに残す線。

82

スコレー
schole

山本彌・大竹真奈実
（やまもといよ・おおたけまなみ）

多摩美術大学生産デザイン学科テキスタイル専攻を卒業した
2人組によるクリエイティブユニット。
共に子育てをしながら、
アクセサリー、ファッション小物を中心に
イラスト、デザイン、ワークショップ講師などで活動。

Staff

撮　影	白井由香里
スタイリング	西森萌
アートディレクション	大薮胤美（フレーズ）
装丁	尾崎利佳（フレーズ）
ブックデザイン	岩瀬恭子（フレーズ）
DTP・校閲	株式会社ウエイド
編　集	大野雅代（クリエイトONO）
進　行	鏑木香緒里
Special thanks	Tsumugi.T　Kiko.K　Airi.K

［撮影協力］
AWABEES　〒151-0051
　　　　　東京都渋谷区千駄ヶ谷3-50-11　明星ビルディング5F
　　　　　TEL 03-5786-1600　FAX 03-5786-1605

ペンと色鉛筆で作る
プラバンのアクセサリー BOOK

2020年8月15日　初版第1刷発行

著　者	スコレー
発行者	廣瀬和二
発行所	株式会社日東書院本社

　　　　　〒160-0022 東京都新宿区新宿2丁目15番14号 辰巳ビル
　　　　　TEL 03-5360-7522（代表）　FAX 03-5360-8951（販売部）
　　　　　振替 00180-0-705733　URL http://www.TG-NET.co.jp

印　刷	三共グラフィック株式会社
製　本	株式会社セイコーバインダリー

読者の皆様へ

本書の内容に関するお問い合わせは、
FAX（03-5360-8047）、
メール（info@TG-NET.co.jp）にて承ります。
恐縮ですが、電話でのお問い合わせはご遠慮ください。
『ペンと色鉛筆で作るプラバンのアクセサリー BOOK』編集部